DISSERTATION
SUR
NIGRINIANUS

DONT LE TEMS A ESTÉ jusqu'icy fort incertain & sur quelques autres Princes dont les Medailles font quelque difficulté parmi les Antiquaires.

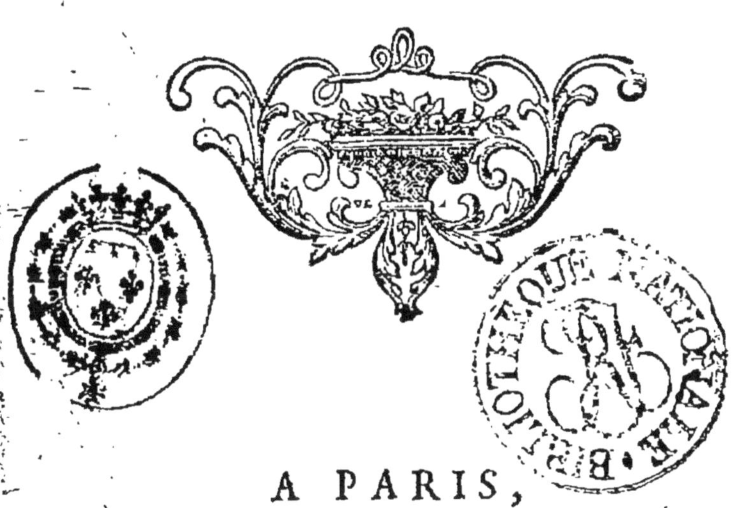

A PARIS,
Chez PIERRE COT, ruë S. Jacques, à l'entrée de la ruë du Foin, à la Minerve.

M. DCC. IV.

AVEC PERMISSION.

AVERTISSEMENT.

Les gens deſintereſſez, c'eſt-à-dire les veritables gens de Lettre, me ſçauront peut-être quelque gré d'avoir defriché dans la Province des Medailles un terrain inculte juſqu'à preſent. Je m'étois engagé dans ma Diſſertation imprimée le mois dernier à donner de nouvelles preuves de mon travail. En voici quelques unes ſur les Medailles de NIGRINIANUS *& de quelques autres Princes qui ont fait juſqu'icy de la difficulté. Je ne croiois point avoir d'Adverſaires contre mes reflexions ſur celle de* MAGNIA URBICA. *Le ſoin que j'y ay pris de ne rien dire contre la vray-ſemblance, & contre les regles de la Critique me mettoit, ce ſemble, à couvert d'une cenſure ſpecieuſe. D'ailleurs l'approbation des plus habiles dans ce genre, ſur le ſuffrage de qui j'oſe dire que j'ai hazardé mes conjectures, ne pouvoit qu'augmenter ma confiance à les publier.*

Je viens d'entendre neanmoins qu'une perſonne d'un Corps que je reſpecte, s'eſt efforcée d'écrire contre, je ne ſçay dans quel eſprit; mon doute eſt d'autant mieux fondé, que ma

Dissertation ayant été lûë il y a trois ou quatre ans dans une des Assemblées de sa Compagnie, on ne trouva rien qui la dût faire mépriser, jusqu'à l'abandonner à de si foibles attaques. Monsieur Vaillant même, entre les mains de qui elle fut mise pour l'examiner de plus près, rendit à mon Ecrit le témoignage le plus favorable que je pouvois souhaitter. C'est aussi ce que cet habile homme, & si éclairé dans ces matieres a eu la bonté de me dire. Mais la maniere dont l'Illustre President de l'Academie s'est expliqué sur l'ouvrage de Monsieur Henrion ne m'est elle pas encore plus avantageuse? Il n'a trouvé cet ouvrage singulier, qu'en ce que l'Auteur s'attache à détruire ma conjecture sur Magnia Urbica, sans en avoir une meilleure à y opposer. Que tout le fruit de son travail, *a-t-il ajoûté*, se bornoit à nous replonger dans les tenebres & dans la même incertitude, où l'on étoit auparavant sur l'Etat de cette Princesse. *Reflexion qui auroit dû être plus mortifiante pour mon Antagoniste, si Monsieur l'Abbé* BIGNON *ne l'eut accompagnée de toute la politesse qui lui est naturelle. Après cela je ne crois pas qu'il soit difficile de répondre aux objections que Monsieur H. m'a faites.*

La Critique, selon nos Maîtres, n'est pas un art si facile à exercer. S'il ne faut pas moins un bon esprit qu'un bon cœur pour s'en-

gager dans ce genre de Litterature, il ne faut pas moins de talent qu'une longue étude pour y réussir. Comme ces graces ne sont pas données à tout le monde, il y a bien souvent de la temerité à la plûpart de ceux qui s'ingerent publiquement à écrire contre les Ouvrages d'autruy. Je ferois voir aisément le rapport de cette maxime au dessein de renverser mes conjectures, sur Magnia Urbica, si je voulois m'étendre icy, sur tout ce qu'on m'objecte. Ainsi je ne me donneray pas la peine de répondre en forme à ce qu'on a debité contre mon Ecrit. Ce seroit peut-être faire injure aux lumieres & au bon goût de ceux qui ont entendu lire le long discours qu'on vient de m'opposer. Ils ont admiré sans doute la profondeur des raisonnemens & de la lecture de mon Antagoniste dans ce qu'il avance contre moy. Rien ne peut mieux convaincre que le reproche qu'il me fait d'avoir mal traduit le passage d'un Auteur Latin. Qui peut être assez simple ou aveuglé de quelque motif pour croire qu'un homme avec la moindre experience, même dans les Lettres, traduise le rem Romanam *de Vopiscus, par* territoire Romain, *sans raison. Il étoit plus aisé à un ignorant ou à un homme sans lecture de mettre* les emplois de la Republique, *ou* le maniement des affaires. *Mais le devoir d'un bon Antiquaire demande une recherche plus exacte, il n'avance rien qu'après avoir consulté ou les Manuscrits anciens d'un Auteur, ou les Sçavans critiques sur le veritable sens de l'endroit dont il se sert.*

C'est donc ce que j'ai fait en cette occasion, & Monsieur Saumaise a été mon guide. Cet illustre critique après avoir montré que par rem Romanam fugerunt, *on devoit entendre* Romanam regionem, *c'est-à-dire la region* suburbicaire. *Il ajoûte qu'il n'y a point de sens autrement.* Quod ad vulgatam, *dit-il,* hujus loci lectionem attinet romanam rem fugerunt prorsum inepta & absurda est. *Ce qui est original, c'est que M. H. par une bevûë singuliere pour un homme qui veut faire le critique prend le* territoire Romain *pour un lieu hors l'Italie, puis qu'il m'accuse d'avoir traduit Vopiscus dans ce sens, le public jugera la-dessus qui de nous deux sçait mieux sa carte. Les remarques qu'il fait ensuite de la jeunesse pretenduë du visage de* Magnia Urbica *ne sçauroient rien conclure dans les monnoyes de ce temps.*

Quel est cependant le Novice en Medaille qui ne sçache que dans la plus grande partie de celles de nôtre Princesse comme dans la petite que j'ai fait graver, Elle y paroît d'un âge à pouvoir être mere de Carinus & de Numerien. Ce qu'on joint à cela sur les deux Princes qui sont aux pieds de la fem-

me assise du Medaillon est de même genre que le reste. Y a-t-il de la sincerité ou de la connoissance de l'Antique à soutenir que ces deux figures avec la robe virile ne sont que des enfans à la bavette? *Est-il extraordinaire de voir des Empereurs en petit & dans le même habillement auprès de grandes figures de Divinitez. Il ne faut qu'ouvrir les Livres de Medailles & les Cabinets, on y trouvera de quoy montrer combien sont vains les efforts prodigieux que fait M. H. pour briller dans cette matiere à quel prix que ce soit. Le Trajan du Duc Darscot aux pieds de Jupiter avec cette legende* CONSERVATORI PATRIS PATRIÆ, *un revers de Marc Aurelle encore Cesar, mais avec la puissance de Tribun où ce Prince & Verus sont aux deux côtez d'une grande figure debout, qui les couvre avec sa robe, & ce mot* CONCORDIA. *Un Commode, comme le Trajan, qui se trouve par tout. Un Alexandre Severe qu'on me dit être chez Monsieur de Boze. Le Diocletien que j'ay & le Maximien du Cabinet de Monsieur Baudelot avec les mêmes types, & les mêmes legendes sont de bonnes preuves du peu de solidité de ce qu'on m'objecte. J'avois déja rapporté quelques-uns de ces Exemples* page 60. *ausquels Monsieur H. n'a pas répondu. Il n'avance au contraire qu'une infinité de choses qu'on peut appeller pueriles comme presque toute l'assemblée la jugé. Si mes conjectures ainsi ont un jour à le ceder à de plus heureuses découvertes, je suis bien seur que ce ne seront pas les minuties qu'on m'objecte qui les détruiront. Je ne crois pas même que parmi les Antiquaires les* incertitudes *de Monsieur H. ayent tout le credit qu'il se l'imagine & qu'un autre Empereur ait l'avantage de l'emporter sur Carus.*

On est si fort persuadé du droit de ce Prince sur Magnia Urbica, *& ce que mon Antagoniste a dit contre, a fait si peu d'impression que voicy quelques nouvelles preuves qu'on vient de m'en suggerer au sortir de l'Academie. Les medailles de Carinus lorsqu'il n'étoit que César, servent a montrer l'existance d'une Princesse femme de Carus après son élevation à l'Empire. On y lit du côté de la tête* M. AUR. CARINUS NOB. CÆS. *& au revers ou* MONETA AUGG. *avec le type ordinaire ou* VIRTUS AUGG. *avec deux figures, ou* PIETAS AUGG. *avec les vases des sacrifices. Ces deux* Augustes *constamment ne peuvent être que le Pere & la Mere de Carinus. Une autre medaille assez singuliere de Numerianus du Cabinet de Monsieur Baudelot, prouve encore ce que je pretends. Elle ne donne à ce Prince que la qualité de* César, *& marque qu'il y avoit trois Augustes de son tems.* IMP. C. M. AUR. NUMERIANUS NOB. C. *du côté de* *la tête. Et au revers* VIRTUS AUGGG. *avec deux figures dans le champ* E. Δ. *& dans l'exergue* XXI. *Comme les monnoyes de* Carinus César *font voir* deux Auguſtes, *qu'on ne peut interpreter que de Carus & de ſon Epouſe; cela fait conjecturer que Carinus a été fait Auguſte du vivant de Carus avant Numerianus, & que la Medaille de ce Prince dont je viens de parler a été frappée dans ce temps-là. En effet le même revers & la même legende de* trois Auguſtes, *les mêmes lettres* E. Δ. *du champ, & celles-cy de l'exergue* XXI. *ſe trouvent dans Carus. Qu'on tire après telle conſequence qu'on voudra, il ſera difficile de renverſer la mienne. Mais à quelque Empereur qu'on s'efforce de donner la Princeſſe que je crois avoir rendu à ſon Epoux, il faut qu'on reconnoiſſe que j'ay le premier frayé le chemin le plus ſeur, que c'eſt moi qui l'ai montré, & je n'auray pas de peine à faire voir qu'on s'égarera toûjours dès qu'on s'en écartera.*

Au reſte il n'eſt point vray qu'on ſçeut & qu'on eut de bonnes preuves que Magnia Urbica n'étoit point la femme de Maxence, comme l'avance de ſon crû M. H. juſqu'à preſent, on l'avoit toûjours rangée après ce Prince dans les Cabinets imprimez depuis quelques années même, & dans ceux qui ne le ſont pas. Je ſçay encore par de bons garands que M. H. n'en ſçavoit pas davantage avant mes remarques ſur ce ſujet. Ce n'étoit pas la peine de ſe parer de preſque toute ma Diſſertation, pour en enfler ſon diſcours ſans avoir rien de bon à nous apprendre. Par exemple, ce qu'il dit au ſujet de l'Empereur Tacite pour renverſer ce que j'employe de Vopiſcus eſt-il ſupportable? Parce que l'Hiſtorien dit que Tacite ne permit pas à ſa femme de mettre des pierreries, uxorem gemmis uti non eſt paſſus. *Il pretend tirer de là que cette Princeſſe en avoit porté, puiſque cet Empereur le lui* deffendit. *Mais qui ne voit que c'eſt encore ſi mal entendre le ſens de l'Auteur, qu'il ne ſemble pas qu'on l'ait lû. Ne puis-je pas ajouter la-deſſus que ſi M. H. m'avoit copié auſſi fidellement en cet endroit qu'en beaucoup d'autres, il n'auroit pas fait une digreſſion peu neceſſaire à ſon ſujet, & dont l'Aſſemblée me parut être fatiguée. Ce qu'il rapporte encore ſur la legende* Pudicitia *du Medaillon, pour faire voir qu'elle ne convenoit point à la mere de deux Princes de l'âge de Carinus & de Numerianus, n'eſt pas de meilleur alloy pour un pretendu critique, ni mieux conçeu pour un Medailliſte. Les regles generales qu'on forge la-deſſus ſont fauſſes, & ne ſçait-on pas outre cela parmi nous que cette legende* Pudicitia *ſe trouve dans* Maeſa, *qui étoit grand-Mere, dans* Otacille, *dans* Hetruſcille, *& même dans pluſieurs Empereurs.*

Je ne puis m'empêcher encore d'ajouter un mot sur l'argument qu'on a voulu tirer des coëffures. Rien n'est plus faux ny moins d'un homme qui se mêle de Medailles que ce qu'avance M. H. sur ce sujet. La coeffure de Magnia Urbica lui fait imaginer que cette Princesse ne peut être que du tems d'Aurelien, de Tacite & de Florien, il pretend que la mode des coëffures avoit changé sous Probus, parce qu'on voit deux brins de laurier sur le front de la femme qu'on peut croire son Epouse, & que Theodora *paroît coëffée de même. Nos medailles ne le dementent que trop, puisque* Galeria Valeria *après Theodora même se trouve coëffée dans la plûpart de ses medailles comme* Magnia Urbica.

*Ce qu'il dit aussi de son crû sur la maniere de donner la qualité d'Auguste n'est pas plus judicieux, M. H. n'est pas encore un assez grave Autheur pour l'en croire sur sa parole ; mais Monsieur Baudelot, que je cite à ce sujet, & qu'il a voulu peut-être attaquer dans cet endroit, sçaura le relever quand il voudra s'en donner la peine sur cette question. Il pourra bien lui faire voir que l'exemple d'*Elagabale *qu'il a pris dans quelques Livres de medaille, où l'on fait appeller Auguste* JULIA PAULA *par ce Prince* de son autorité, *n'est pas des meilleurs. Que M. H. n'a point vu l'endroit original* *d'où les termes ſont tirez, qui expliqué comme il doit être ne peut favoriſer la propoſition temeraire de mon Antagoniſte. Mais il faudroit des volumes pour relever tout ce qu'il avance en l'air.*

Je m'étonne ſeulement de ce que dans l'envie demeſurée de me critiquer, comme tout le monde l'a remarqué, il n'a point ſuivi le chemin que je luy avois indiqué à la page 58. quelques unes de ſes incertitudes en auroient été du moins fixées plus à propos. J'avois dit là, qu'on pouvoit donner nôtre Princeſſe à Numerianus avec autant de vrayſemblance & moins d'obſtacle qu'aux autres. A la verité je n'avois pas expliqué en cet endroit les raiſons que j'en avois, & quiconque a entendu lire l'Ecrit de M. H. contre moi, ne l'excuſera pas de les avoir diſſimulées. Les voicy; Suidas parle d'un fils de Numerianus *appellé* Baſiliſcus. *Je donne une conjecture aſſez apparante dans la Diſſertation qui ſuit que* Nigrinianus *dont les medailles ſont conſtamment de ce tems-là, pourroit être encore un autre fils de Numerien.*

Il me ſemble qu'il n'en faut pas davantage pour montrer le peu de fondement qu'on avoit pour critiquer ce que j'ay donné ſur Magnia Urbica. *Ces remarques ne ſuffiſent-elles pas pour faire juger du reſte de la critique.*

AVERTISSEMENT.

JE prie le Lecteur d'ajoûter à la page 40 de cette Dissertation, après la ligne 16 comme l'a remarqué l'Illustre Monsieur Spanheim. Je sçai bien qu'une inscription de Grut. p. 274 appelle Alexandre Severe, ou un Decius, si l'on veut, DOMINUS NOSTER, ce qu'on ne grava pas sur les monnoyes avant *Aurelien* & *Carus*. Mais, &c.

Comme on n'a eu que vingt-quatre heures pour composer & pour imprimer cette Réponse; on ne sçait s'il ne s'y sera point glissé de fautes d'impression. On prie le Lecteur de les excuser.

Permis d'Imprimer ce 17. *Novembre* 1704.
M. R. DE VOYER D'ARGENSON.

DIVO NIGRINIANO
CONSECRATIO
KAA
IMP MAXIMIANVS SEN AVG
MAXIMIANVS NOB CAES
IMP MAXIMIANVS P AVG
GENIO POPV LI ROMANI
S F
PLC
CONCORDIA MILITVM
FEL TEMP REPARATIO
CON

A MONSIEUR BAUDELOT DE DAIRVAL, AVOCAT EN PARLEMENT.

MONSIEUR,

VOICY quelques reflexions ſur le Nigrinianus de nos medailles, ſur lequel on ne nous a encore rien donné qu'on ne puiſſe renverſer par de ſolides raiſons. Je dois ces idées au deſſein que vous m'avez toûjours inſpiré de glaner dans un champ où tant d'habiles ont déja fait d'amples moissons. Depuis que le nombre des ouvriers de ce genre s'est multiplié, je negligeois presque de publier ce que je pensois de quelques medailles du bas Empire. J'avois lieu de croire qu'on m'auroit enlevé mes découvertes; mais comme rien n'a encore paru, & qu'il semble qu'on m'ait laissé en possession de cette matiere, je puis hazarder avec confiance des conjectures que vous avez approuvées. Les preuves que vous avez données de vos connoissances sur ce sujet, les curieuses & sçavantes recherches que vous faites sans cesse feront toûjours voir de quel poids doit être vôtre suffrage à cet égard. Je ne suis pas le seul qui vous rende cette justice; aussi, MONSIEUR, ce ne me sera pas un avantage médiocre de faire connoître les liaisons que j'ay eües avec vous depuis plus de dix années, en publiant le progrès que la communication de vôtre Bibliotheque, de vôtre cabinet d'antique, & de vos conversations m'ont fait faire.

Vous sçavez que *Nigrinianus* n'est pas moins inconnu dans les Auteurs que l'étoit *Magnia Urbica*, sur laquelle je viens de publier mon sentiment. L'histoire, au lieu de nous faire un détail de la vie de ce Prince, nous a à peine conservé le nom de quelqu'uns de sa famille, ou si elle en dit quelque chose, c'est d'une maniere si indeterminée que ſans une recherche exacte ; il ſeroit impoſſible de l'y reconnoître. Ce n'eſt donc point par l'hiſtoire qu'il faut commencer à chercher le tems auquel ce Prince a vêcu, mais par les monnoyes qui nous en reſtent. Les monumens qui m'ont fait découvrir *Magnia Urbica* me guideront peut-être à fixer le tems de Nigrinianus. C'eſt en conſultant les monnoyes de ce Prince que je pourray peut-être développer dans les Hiſtoriens quelques circonſtances ou de ſa vie, ou de ſa mort.

Mais avant que d'entrer dans le détail de mes conjectures il faut examiner le ſentiment de quelques antiquaires ſur l'âge pretendu de ce Prince.

Occo, ce me ſemble, eſt le premier à qui nous devions les medailles de Nigrinianus. Cet Auteur a cru que ce Prince étoit ſous le regne de Conſtantius, & que c'étoit le même que le Conſul Nigrinianus qui fut collegue de Sergius, lorſque Conſtans fut tué par Magnence. Les troubles differens qui s'exciterent pour lors dans l'Empire Romain ſembloient autoriſer en quelque façon cette conjecture, & ſi l'on ne regardoit préciſément que l'hiſtoire, on ne la trouveroit pas fort contraire à ce ſentiment. D'un autre côté ſi l'on fait attention à la fabrique, aux Types des medailles de Nigrinianus ; ſi on les compare ensuite avec les medailles des Princes qui regnoient du tems de Constantius, ou de Magnence, il sera facile de juger, que le Nigrinianus dont il est icy question, ne sçauroit être celuy qui fut Consul sous Constantius : Que ce Consul ne peut être tout au plus qu'un des descendans de la famille de ce Prince, & que très seurement, s'il est arrivé quelque trouble sous Constantius, nôtre Nigrinianus ne peut y avoir eu aucune part. Ce que j'ay dit au sujet de Magnia Urbica, touchant la fabrique & l'inscription des medailles en general en pourroit être une preuve suffisante.

En effet, l'inscription des medailles de ce Prince : DIVO NIGRINIANO avec la couronne radiale) (& la legende CONSECRATIO au revers, ne conviennent plus au tems des fils de Constantin. La coutume de consacrer ainsi les Empereurs ou leurs enfans après leur mort, n'étoit plus en usage, non plus que la couronne radiale, que l'on y voit, & qui n'a pas passé les années qui ont precedé la conversion de Constantin.

2°. Ces caracteres K A A qui se trouvent dans l'exergue des medailles de NIGRINIANUS, & ausquels il est necessaire de faire attention, ne se remarquent plus sur les medailles frappées du tems de Constantius, fils de Constantin.

3°. La fabrique des medailles de Nigrinianus n'eſt point la même que celle des medailles de Conſtantius. Ces trois points ainſi differens ſur les medailles de ces Princes, font voir que nôtre Nigrinianus n'eſt point abſolument celuy qui fut Conſul & collegue de Sergius. Auſſi Monſieur Triſtan qui eſt venu dans un ſiecle plus éclairé ſur ces ſortes de matieres que n'étoit celuy d'Occo, n'a-t-il pas crû que ce ſentiment fut recevable. Il rapporte que Nigrinianus pourroit être le fils d'Alexandre tyran en Afrique, fondé ſur un paſſage de Zozime. Il eſt dit dans cet hiſtorien que Maxence ayant formé le deſſein de paſſer en Afrique, demanda à Alexandre pour lors Gouverneur de cette Province, ſon fils en ôtage pour s'aſſurer de ſa fidelité. En effet, dit l'Auteur, Alexandre avoit un fils déja grand, & d'une phyſionomie fort agreable. Or comme l'hiſtoire ne nous apprend point le nom de ce jeune Prince, & que *Nigrinianus*, dont le nom eſt auſſi inconnu, paroît dans toutes ſes medailles aſſez conforme à la deſcription que fait Zozime de ce pretendu fils d'Alexandre, Monſieur Triſtan a pû s'imaginer que Nigrinianus étoit ce fils, d'autant plus facilement qu'il trouvoit ſur les medailles de ce Prince ces caracteres K A A, qu'il interpretoit de la ville de Carthage, ſelon les Antiquaires de ces tems-là. Voilà ſur quoy ce ſçavant homme a cru pouvoir embraſſer ce ſentiment, qui a été ſuivi, juſqu'icy, comme le plus vray-ſemblable. Quelque ſpecieuſe neanmoins qu'ait paru cette opinion, je n'y trouve point encore dequoy contenter un eſprit qui cherche avec exactitude ce qui peut être certain dans ces matieres. Auſſi Monſieur Triſtan, à qui nous ſommes redevables de pluſieurs recherches curieuſes, ne nous le donne-t-il que comme une conjecture legere ſur laquelle il ne comptoit guéres luy-même. On n'aura pas ainſi beaucoup de peine à s'en deſabuſer, ſi l'on conſidere que les raiſons de Monſieur Triſtan, pour ne pas ſuivre le ſentiment d'Occo, peuvent auſſi nous ſervir pour détruire le ſien, puiſqu'elles ſont, à quelques unes près, les mêmes. En effet la fabrique des medailles de Nigrinien, ne reſſemble point encore aſſez à celle d'Alexandre, ou de Maxence, pour aſſurer qu'il eſt du tems de ces Princes. Au contraire les types, les inſcriptions, les caracteres en ſont trop differens pour ne nous pas deſigner un autre âge que celuy d'Alexandre, loin d'avoir été ſon fils. Si nôtre Prince étoit veritablement le fils de ce dernier, tout ſe trouveroit uniforme dans leurs monnoyes ; même fabrique, même genie, même métail, mêmes caracteres.

J'ay rapporté cette maxime ailleurs que je suppose icy comme la plus vray-semblable. Les medailles des Princes qui ont regné en même-tems, vêcu sous les mêmes loix, commandé aux mêmes peuples, doivent d'ordinaire se ressembler pour la fabrique, pour les legendes, pour les caracteres, & pour les autres particularitez qui dépendent des mêmes usages. C'est-à-dire que s'il y a des varietez dans les medailles d'un même Prince à raison des differents lieux où elles auroient été frappées, on les trouveroit aussi dans les medailles de ses enfans. Il seroit inutile de faire remarquer icy que les medailles frappées dans certaines provinces de l'Empire Romain, n'ont point le même goût que celles qui sont frappées à Rome. Tout le monde sçait que les Grecs ont eu un goût particulier, & que les medailles frappées en Egypte, & en Espagne sont d'une fabrique très differente, aussi-bien que les medailles des colonies : mais cela dépend d'un usage particulier, & ne sçauroit détruire ce que j'ay avancé sur la fabrique des medailles en general. Il suffit pour cela que celles qui ont été frappées dans certaines Provinces se ressemblent entre elles, & soient d'une fabrique particuliere à raison des tems, ou des lieux qui les ont produites.

Or les medailles de *Nigrinianus* sont

d'une fabrique differente de celle d'Alexandre dont on veut qu'il soit fils, & elles ne conviennent nullement avec les medailles des Princes qui ont regné après luy. C'est ce qu'on reconnoît sans peine pour peu qu'on soit initié dans ces mysteres, ou qu'on veüille rendre justice à la verité. Sur ce fondement je ne pense pas qu'on puisse encore suivre un sentiment où il se trouve tant d'oppositions qui se tirent de la medaille même. Et vous convintes, MONSIEUR, du peu de solidité de ce sentiment dès la premiere fois que je vous en dis ma pensée. Il faut donc remonter plus haut, il faut chercher la medaille à la main, & s'arrêter au tems indiqué par la fabrique, & que ces caracteres K A A qui se trouvent sur les medailles de Nigrinianus étoient en usage dans les monnoyes des Empereurs. Vous sçavez, MONSIEUR, que cette espece de legende ne commença à s'introduire que sous Aurelien; qu'elle continua sous le regne de Tacite, de Florien, de Probus, de Carus & de ses fils. Il faut donc absolument, suivant tout ce que j'ay remarqué ailleurs, rapporter les medailles de Nigrinianus dans l'espace du tems que ces Princes ont regné. Cet usage n'a pas passé leur regne, qui n'a été en tout qu'environ de dix ans. Il n'y a plus ainsi qu'à determiner sous qui de ces Princes *Nigrinianus* a dû se faire declarer Empereur, supposé qu'il se soit revolté, ce que j'examineray dans la suite, ou par qui il a été consacré après sa mort.

Comme on ne sçauroit bien éclaircir ce point d'histoire sans une discussion particuliere de bien des faits, il m'a paru que je ne pouvois y réussir qu'en faisant un précis des differents troubles qui arriverent sous les Empereurs dont je viens de parler. Dans le recit des divers tyrans qui se souleverent sous Aurelien, Zozime dit que ce Prince n'eût pas plûtôt quitté l'Orient, après la défaite de Zenobie, qu'APSÆUS, auteur des troubles precedents, tâchoit de gagner, & de revêtir de la pourpre un nommé MARCELLINUS.

L'Empereur avoit laissé ce dernier en Mesopotamie, & luy avoit commis l'administration de l'Orient. Ce Gouverneur, qu'on pressoit de se declarer, traîna autant qu'il pût l'affaire, pour avoir le tems d'en donner avis à l'Empereur. Dans cet intervalle les Palmyreniens ayant revêtu de la pourpre un certain ANTIOCHUS, ils se renfermerent dans la ville de Palmyre.

VOPISCUS fait aussi mention d'une revolte de ces derniers qui peut être differente de celle dont parle Zozime dans l'endroit que je viens de citer. Il n'y parle pas en effet de Marcellinus, ny de cet Antiochus qu'il revêtirent de la pourpre, mais de SANDARION, & d'ACHILLEUS. Voicy le passage.

» Les Palmyreniens, *dit-il*, qui avoient
» déja été vaincus, & presque défaits, voyant
» Aurelien occupé à appaiser les troubles
» qui l'avoient appellé en Europe, (*c'est-*
» *a-dire dans les Gaules*,) se revolterent
» encore de nouveau, avec beaucoup de
» fureur. Ils tuërent six cens Sagitaires
» avec SANDARION leur chef, qu'Au-
» relien avoit laissé à Palmyre en garnison,
» & tâcherent de faire Empereur un certain
» Achilleus. Mais comme Aurelien se trou-
» va en état de marcher, il quitta l'Europe
» & vint à Palmyre qu'il détruisit, & qu'il
» traitta comme elle le meritoit.

Palmyreni qui jam victi atque contusi fuerant, Aureliano rebus Europensibus occupato, non mediocriter rebellarunt, Sandarionem enim, quem in præsidio illic Aurelianus posuerat, cum sexcentis Sagittariis occiderunt, Achilleo parantes Imperium: Verum ideo Aurelianus, ut erat paratus, ex Europa revertit; atque urbem quia ita merebatur, evertit.

Quelques Autheurs ont cru que l'*Antiochus* de Zozime, & l'*Achilleus* de Vopisque, n'étoient qu'un même Prince sous deux noms differents. Les noms n'étant que pour distinguer differentes personnes, il y auroit plus lieu de croire qu'ils les faut distinguer, à moins que de ces deux noms l'un n'eût été le prénom de l'autre.

Vopiscus parle encore d'un autre tyran appellé *Firmus* ou *Firmius*, qui se souleva en Egypte à peu près en même-tems que ceux-cy dont je viens de parler. » Lors » qu'Aurelien, dit cet Auteur, étoit dans » ses expeditions de Thrace, & du reste de » l'Europe, il s'éleva un certain *Firmius*, » qui s'empara de l'Egypte sans prendre le » titre, & les marques d'Empereur, com- » me s'il eût voulu rendre aux peuples la » liberté.

Interim res per Thracias Europam que omnem Aureliano ingentes agente, Firmus *quidam extitit, qui sibi Ægyptum sine insignibus Imperij, quasi ut esset civitas libera, vindicavit.*

Il dit là, comme on voit, que ce *Firmius* n'avoit point pris le titre d'Empereur, ny d'Auguste; *sine insignibus Imperij* : mais il s'en retracte ailleurs, & il se rend à l'autorité d'une monnoye de ce Prince qu'un Archontius sçavant de son tems luy montra, dans laquelle *Firmius* prenoit le titre d'Empereur & d'Auguste. *Contra ego mecumque Rufus Celsus, c. Julianus & Sosianus contenderent dicentes illum & purpura usum, & percussa monetâ Augustum esse vocitatum. Quin etiam nummos ejus Severus Archontius protulit.*

Ce passage merite d'être remarqué pour

l'utilité des monumens anciens en fait d'histoire, & pour payer les soins de nos curieux qui les amassent.

Je trouve dans Aurelius Victor un certain *Septimius* qui se revolta encore en Dalmatie sous Aurelien, & qui fut tué peu de tems après par les siens. *Hujus tempore apud Dalmatas* Septimius *Imperator effectus, mox à suis obtruncatur.* Ce nom de *Septimius* est sans doute le même que celuy d'*Epitimius*, dont parle Zozime, & qui est corrompu dans cet Auteur. Ce dernier en ajoute deux autres à qui il ne donne aucune Province particuliere. » Il y eut en même-tems, dit-il, un certain » *Epitimius*, un *Urbanus*, & un *Domitianus*, qui étant soupçonnez de tramer » quelque sedition, furent pris aussi-tôt & » punis comme ils le meritoient. Après la revolte de ce Septimius en Dalmatie, Aur. Victor met celle des Monetaires à Rome. *Hoc tempore in urbe Roma Monetarij rebellarunt, quos Aurelianus victor ultima crudelitate compescuit.* Par le détail que j'ay fait jusqu'icy de tous ces troubles, il ne paroît pas que Nigrinianus ait eu part à ces revoltes. Les chefs y sont nommez, & à l'égard des Monetaires l'on sçait que ce fut *Felicissimus* directeur des monnoyes à Rome qui les fit soulever. Suidas luy donne même le nom de Prince, ce qui semble marquer qu'il se fit declarer Empereur.

φηλικισσιμοὶ ἀρχαῖοι ἐπὶ Αὐρηλιανοῦ τοῦ βασιλέως.

Aprés la mort d'Aurelien il se trouve un grand vide où il semble qu'on pourroit placer Nigrinianus. On sçait que l'interregne dura sept ou huit mois jusqu'à l'élection de l'Empereur Tacite. Ne pourroit-on pas dire que Nigrinianus profita de ce tems comme le plus favorable pour se faire declarer Empereur en quelque Province dont il auroit eu le commandement. Dans une occasion presque semblable Hadrien ayant été declaré Empereur par ses soldats sans attendre les ordres & le consentement du Senat, il écrivit aussi-tôt à cet auguste corps, qu'il ne l'avoit souffert que parce qu'il sçavoit bien que la Republique ne pouvoit pas rester long-tems sans Empereur. Peut-être ne seroit-on pas mal fondé à placer la revolte de Nigrinianus vers ce tems, mais Vopiscus dit formellement que pendant ces six mois d'interregne, il n'y eut pas un seul tyran qui osât se soulever dans tout l'Empire ; ce qu'il rapporte comme un exemple nouveau, & veritablement digne d'admiration. *Ego quod rarum est & difficile fuit, S. P. Q. R. perpessus est ut Imperatorem per sex menses, dum bonus quaeritur, Respublica non haberet.* Aprés quoy il s'écrie en ces termes : *Quae illa concordia, quam gravis Senatus authoritas fuerit? Nullus usquam tyrannus emer-*

fit. » Quelle concorde singuliere; de quel
» poids n'a pas été l'autorité du Senat? Y
» eût-il aucun tyran qui osât se soulever
» nulle part?

Ainsi jusqu'à ce qu'on ait trouvé des preuves du contraire, l'on peut croire cet Auteur sur sa parole, surtout dans un endroit où il s'est expliqué si formellement, & où il témoigne luy-même tant de surprise. Quelque grande que fût cette union entre les armées & le Senat, on peut dire neanmoins que cet interregne de six ou huit mois, fut très pernicieux à la Republique; & qu'un Etat *monarchique* ne sçauroit être long-tems sans chef, sans être sujet à de grands mouvemens. Qui ne pensera en effet que durant une si longue deliberation sur le choix d'un Empereur, ceux qui avoient autant d'intrigue que d'ambition n'ayent pas pris leurs mesures pour obtenir ce comble de puissance. C'est pourquoy sur les nouvelles que le Senat s'alloit determiner, chacun commença à se remuer selon les desseins, & la cabale qu'il avoit faite. Cette grande union dont parle Vopiscus passa bien-tôt d'une extremité à l'autre. L'on ne vit que troubles de toutes parts; & ce feu secret qui avoit couvé pendant plus de six mois, alluma bien vîte de grandes incendies dans l'Empire Romain. Aussi-tôt après l'élection de Tacite il se forma divers partis contre luy, & on luy dressa plusieurs embûches. Vopiscus dit même, que les factions differentes qui s'exciterent pour lors furent cause de la mort de ce Prince, dont il rapporte les diverses opinions de son tems. *Interemptus est enim*, dit-il, *insidiis militaribus, ut alij dicunt, sexto mense, ut alij morbo interiit. Tamen constat, factionibus eum oppressum, mente atque animo defecisse*. Vopiscus ne nous a point marqué les chefs de ces factions, ni le sujet de leur revolte. Zozime, & Zonare plus exacts en ce point rapportent d'abord que Tacite avoit fait un de ses parens, nommé Maximin, Gouverneur de Syrie. Ce Gouverneur qui exerçoit une espece de tyrannie sur les Magistrats des Villes, fut cause que ceux-cy se revolterent, & se joignirent aux mécontens qui restoient de la conspiration contre Aurelien. Ils tuerent *Maximin*, & poursuivirent Tacite qu'ils firent périr au retour de son expedition des Scythes, ou bien des Gots. Il semble en effet qu'on doit plûtôt l'entendre de ces derniers par le revers d'une medaille que j'ay de ce Prince avec cette inscription VICTORIA GOTTHICA. On pourroit peut-être soupçonner Nigrinianus d'avoir eu part à ces troubles, & d'avoir été chef de quelque parti; mais Zozime semble exclure Nigrinianus de ce tems. Il dit qu'après la mort de Tacite l'Empire fut diviſé entre Probus, & Florien. Que Probus avoit la Syrie, la Phenicie, la Paleſtine & toute l'Egypte. Que Florien avoit de ſon côté tout ce qui eſt depuis la Cilicie juſqu'en Italie, & tout ce qui eſt au delà des Alpes, les Gaules, l'Eſpagne, & l'Angleterre, toute l'Afrique avec la Mauritanie. Après un dénombrement ſi exact y a-t-il de l'apparence qu'il n'eut rien dit du Prince qui ſe ſeroit emparé de quelques-unes de ces Provinces avant Probus, & Florien. Il n'y a donc pas lieu de croire que Nigrinianus ſe ſoit ſoulevé ſous l'un, ou ſous l'autre de ces Empereurs. Vous ſçavez, MONSIEUR, qu'il n'y a point eu de Prince, ſi l'on en excepte Gallien, ſous qui il y ait eu plus de troubles, plus de revoltes, & même plus de tyrans. Combien de combats n'eut-il pas à livrer dès ſon avenement à l'Empire; combien de peuples ſe ſouleverent; Que de courſes entrepriſes vers toutes les extremitez pour ce ſujet? Que de tyrans vaincus, & de Rois proſternez à ſes pieds. C'eſt ce que l'on verra par le détail des troubles qui ſurvinrent ſous ce Prince, ſuivant le deſſein que je m'en ſuis propoſé, pour ne rien laiſſer en arriere de tout ce qui peut apporter quelque jour à cette recherche.

Florien ne fut pas plûtôt declaré Empereur en Occident par ſes troupes, que Probus

bus le fut en Orient par les siennes. Comme ces deux Princes faisoient avancer leurs armées pour en venir à un combat general, il arriva de grands mouvemens dans les Gaules. Aussi-tôt après la mort de Tacite les Liges, les François, les Bourguignons, les Vandales & plusieurs autres peuples d'Allemagne s'emparerent dans les Gaules de soixante & dix villes des plus considerables. Probus y accourut, après avoir défait l'armée qui tenoit le parti de Florien vers Tarse, & laissé à Saturnin l'administration des affaires de l'Orient. Les combats que livra ce Prince aux barbares sur le Rhim furent infinis, aussi-bien que le nombre de ceux qu'il défit. Semnon, Prince d'un de ses peuples, & son fils, furent entre autres faits prisonniers. Zozime le seul qui nous ait conservé ce fait, ajoute, au recit de cette victoire, que Probus ne fit point mourir ces deux Princes, & qu'il les relâcha ensuite d'un traité de paix qu'il fit avec les Peuples qu'il avoit vaincus. Pardonnez-moy je vous prie, Monsieur, ce petit détail qui ne regarde pas entierement mon sujet; aussi ne puis-je retenir une espece de digression en faveur d'une monnoye singuliere de Probus, qui semble confirmer ce que dit Zozime de sa victoire sur les Logions. Cette medaille comme vous sçavez est dans le cabinet * d'un des plus illustres curieux à qui l'une & l'autre Republique ne peuvent manquer d'avoir des obligations infinies. Cette medaille a d'un côté pour inscription, VIRTUS PROBI AUG. autour de la tête casquée de Probus, & ce Prince tient de la droite un javelot sur l'épaule, & de la gauche un bouclier sur lequel on voit plusieurs figures de soldats qui se couvrent la tête de leurs boucliers. Au revers ADLOCUTIO AUG. Probus élevé sur le Tertre harangue ses soldats selon l'ancienne coutume des Generaux d'armées. On voit à ses pieds deux captifs les mains liées derriere le dos, & les soldats y paroissent avec leurs Enseignes militaires. Il y en a deux entre autres qui tiennent chacun leur prisonnier d'une main & de l'autre la bride des chevaux sur lesquels il est à croire qu'ils avoient ammenez ces deux captifs. Ils les presentent dans cette posture à l'Empereur qui semble prononcer l'arrest de leur condamnation. Celuy de la droite a la barbe fort longue, celuy de la gauche, n'en a point, ce qui convient assez, ce me semble, à Semnon & à son fils. Ces expeditions glorieuses furent suivies de beaucoup d'autres contre les Bourguignons & les Vandales, de la prise d'Igille leur Prince, & des loix qu'il imposa

* Mr. Foucaut.

à la plûpart des peuples de la Germanie, & de leurs voisins. On sçait après cela que plusieurs Rois de differentes nations vinrent implorer, ou la clemence, ou la protection de cet Empereur, comme on le remarque dans les medailles qu'on en a publiées, * ou dans les Auteurs anciens qui nous restent. Probus cependant ne triompha pas avec moins de bonheur des ennemis domestiques qu'il eut à combattre. Il faut encore voir si l'on pourra trouver entre ceux-cy le Nigrinianus dont il est question. L'Empereur eut à peine quitté l'Orient que *Saturninus* qu'il avoit laissé en Syrie se revolta, & prit la pourpre. Avec celui-cy, Palphurius de Vopisque, & le Lydius de Zozime chefs des voleurs qui ravageoient l'Isaurie, éprouverent dans peu sa vengeance. Le bonheur incroyable que le ciel accordoit à ses travaux n'empêcha pas que Bonosus, & Proculus ne formassent des partis considerables dans les Gaules. Ils se firent declarer Empereurs l'un & l'autre par les troupes qu'ils y commandoient; & Probus eut une longue guerre & difficile à soutenir pour les détruire. Zozime * parle d'un autre usurpateur qui se souleva à peu près dans le même tems en Angleterre. Il avoit obtenu, dit l'Historien, le gouvernement de

* Patin, l'abbé de Camp.
* P. 388.

ce païs à la recommandation de Victorin *ami* de Probus. Dès que l'Empereur eut avis de cette revolte, il s'en plaignit fortement à Victorin, qui trouva moyen de faire tuer ce Gouverneur en Angleterre où il alla luy-même. Zonare, qui l'appelle tyran, semble convenir que cet usurpateur prit aussi-bien les titres que la puissance Imperiale. Les Auteurs ne disent point ce qui se passa ensuite sur ce sujet, mais Cedrenus ajoute, aux circonstances des autres, qu'il copie, ce fait particulier. » Victorin, dit-il, » qui à son retour d'Angleterre avoit jetté » sa ceinture dans la mer, alla trouver » l'Empereur en cet état, & le supplia » de ne le plus charger d'aucune affaire pu- » blique, ny d'aucun commandement. Qu'il » connoissoit trop par son experience que » toute puissance étoit dangereuse, & expo- » sée à des maux trop certains.

On ne trouve point de Province par l'examen que je viens de faire des revoltes de tant d'usurpateurs qui puisse convenir à Nigrinianus que celle où ce Gouverneur d'Angleterre se souleva sous Probus. Vopisque, Zozime, & Cedrenus qui ne le nomment point, sembloient autoriser une de mes premieres conjectures que Nigrinianus pourroit être ce tyran; mais cette grande jeunesse de Nigrinianus qui paroît dans toutes ses medailles m'empêche de trouver dans ce sentiment toute la certitude que je m'étois promise. Or comme Nigrinianus ne sçauroit passer le tems des Princes dont j'ay parlé plus haut, & qu'il ne paroît pas qu'on en puisse faire un des tyrans qui se souleverent sous eux, il ne reste plus qu'à examiner s'il ne seroit point le fils, ou le parent d'un de ces mêmes Empereurs. On peut assurer en general que tous ces cinq ou six Princes ont eu des enfans. J'en ay apporté des preuves dans ma Dissertation de Magnia Urbica. Mais sans entrer icy dans un détail particulier, il semble qu'il n'y en auroit point à qui Nigrinianus put mieux convenir sur ce pied-là qu'à Aurelien. En effet Aurelien & Nigrinianus semblent être sortis d'une même famille. Ce qui m'a donné lieu de former cette conjecture c'est le prénom de *Domitius* qu'Aurelien prend dans ses monnoyes comme dans celle-cy qui a d'un côté IMP. C. L. DOM. AURELIANUS AUG. sa tête couronnée de rayons. SECURIT. AUG. dans le champ XI. La famille *Domitia*, dont se glorifie Aurelien, pourroit-bien être la même que celle dont il me paroît aussi qui Nigrinianus est descendu. Voicy de quelle maniere je pense qu'on pourroit le prouver. Vous sçavez qu'un Nigrinus Consul sous Hadrien, entra dans les mauvais desseins de quelques personnages Consulaires contre ce Prince. Ils avoient, dit Spartien, conspiré avec plusieurs autres de se défaire d'Hadrien dans le tems qu'il devoit sacrifier : mais la conspiration découverte les chefs en furent punis. Ce *Nigrinus* entr'autres fut tué à Fayence par l'ordre du Senat. L'Auteur ajoute qu'Hadrien qui leur vouloit pardonner n'y eut point de part. Je ne sçay si la medaille que j'ay de moyen bronze de cet Empereur, avec le titre de CLEMENTIA AUG. au revers, ne seroit point une de celles qui auroit été frappée à l'honneur d'Hadrien sur ce sujet. Ce qui est constant, c'est qu'il ne laissa pas d'adopter *Ælius*, nonobstant tout ce qui s'étoit passé à son égard, & quoy qu'il fut gendre du conspirateur Nigrinus. Il y en avoit plusieurs de ce nom dans la Republique qui étoient de differentes familles. Les uns étoient de celle d'*Avidia*, ou de *Pontia*, & les autres de la famille *Domitia*; de laquelle étoit ce Nigrinus dont je viens de parler, puisque sa fille qui avoit épousé Ælius s'appelloit *Domitia Lucilla*. Or comme Aurelien prend le prénom de Domitius pour marquer qu'il descendoit de l'illustre famille *Domitia*, ne peut-on pas dire que Nigrinianus en retient le nom propre, & que comme de Carus on en a fait *Carinus*, de Licinius *Licinianus*, de Domitius *Domitianus*; de même de Nigrinus on en auroit fait *Nigrinianus*. Ces conjectures pourroient n'être pas si éloignées de la verité qu'on le penseroit peut-être, & voici un passage d'Eutrope qui semble les confirmer. Cet Auteur après avoir parlé de la revolte des Monetaires marque aussitôt qu'Aurelien condamna au dernier supplice plusieurs personnes de qualité qu'il soupçonnoit trop legerement d'avoir eu part à cette sedition. Vopiscus pretend même qu'il fit mourir plusieurs Senateurs à qui il imputoit des desseins imaginaires de rebellion. Mais il devint surtout odieux, lorsqu'on lui vit ôter la vie au fils de sa sœur. *Fuit sævus & sanguinarius & trux omni tempore, etiam filij sororis interfector.* Vopiscus ajoute le sentiment de quelques-uns qui disoient qu'Aurelien n'avoit point fait mourir la fille de sa sœur, mais son propre neveu. Il dit cependant, que suivant l'opinion la plus commune il les avoit fait mourir tous les deux. *Addunt nonnulli filium sororis, non filiam ab eodem interfectum, plerique autem etiam filiam sororis.* Sur ce fondement ne peut-on pas croire que Nigrinianus est le petit-fils d'Aurelien, c'est-à-dire le fils de sa sœur, & le même que ce Prince cruel fit mourir, suivant le témoignage de ces Auteurs.

Cet air de jeunesse, qui se remarque sur toutes les medailles de Nigrinianus, paroît aſſez venir à ce que les faits precedents de l'hiſtoire ſemblent nous indiquer. La conſecration qui ſe trouve ſur ſes medailles ne ſçauroit faire de difficulté à cet égard. Quoyqu'Aurelien l'eût fait mourir, cela n'eût pas empêché qu'il ne l'eût enſuite fait conſacrer. Il ſemble même qu'il auroit voulu par là ſe diſculper en quelque façon de la mort de ſon neveu, ou diminuer l'idée de cette cruauté par l'aveu ſolemnel qu'il auroit fait de ſon innocence en le faiſant conſacrer, ou de ſon propre mouvement, ou aux prieres de ſa ſœur. Il ne pouvoit en effet appaiſer les vives douleurs qu'elle devoit avoir de la mort de ſon fils, qu'en luy donnant un rang parmi les Demy-dieux.

Les medailles d'or, & de bronze qui nous reſtent de ce Prince, ne nous le repreſentent qu'avec ſa conſecration. On y voit tantôt un aigle ſeul, & tantôt un bûcher, qu'on appelle le *rogus*; ce qui fait aſſez comprendre qu'il n'a pû être conſacré que ſous un Prince paiſible poſſeſſeur de ſes Etats. Ne pourroit-on pas dire encore que Nigrinianus eſt le fils d'Aurelien, je ſçay que ce fils a paſſé juſqu'icy pour fabuleux, & que Vopiſcus dit qu'Aurelien ne laiſſa qu'une fille dont la poſterité étoit encore à Rome de ſon tems. *Aurelianus filiam ſolam reliquit, cujus poſteri nunc Romæ ſunt.* Il ajoute même une raiſon qui ſemble ne laiſſer aucun

lieu

lieu d'en douter; l'Aurelien, dit-il, qui eſt aujourd'huy Proconſul de Cilicie, où ce grave Senateur mene une vie ſi exemplaire, n'eſt que le petit fils de l'Empereur: *Aurelianus namque Proconſul Ciliciæ Senator optimus, ſui verè juris, vitæ que venerabilis, qui nunc in ſicilia vitam agit, ejus eſt Nepos.* Cet Auteur dans un autre endroit où il parle de la ſeverité d'Aurelien qui obligeoit ſa femme & ſa fille de prendre ſoin de leur ménage comme des perſonnes privées, ne fait cependant aucune mention de ſon fils. Ce ſont là ce me ſemble les objections les plus preſſantes qu'on pourroit faire ſur ce ſentiment; mais ces paſſages ne ſont point ſi poſitifs qu'on le penſeroit peut-être, & bien loin d'y trouver rien contre ce que j'ay avancé, je trouve au contraire qu'ils pourroient ſervir en quelque façon à appuyer cette conjecture.

1°. Quand il eſt dit qu'Aurelien obligeoit ſa femme & ſa fille de prendre ſoin de leur ménage comme des perſonnes privées, il n'y avoit point lieu de parler là de ſon fils, & d'etendre ce ſoin à un jeune Prince dont l'éducation ſans doute étoit commiſe à un Gouverneur pour le dreſſer au mêtier de la guerre. Ce ſilence ou cette omiſſion du fils d'Aurelien dans cet endroit ne peut donc point être pris pour un argument negatif.

2°. Le passage où il est dit qu'Aurelien ne laissa qu'une fille; *Aurelianus filiam solam reliquit.* Ne prouve pas qu'Aurelien n'ait eu pour tout enfant, qu'une fille, mais qu'il ne laissa qu'une fille après luy. Ce qui prouveroit seulement que si Aurelien a eu un fils, il étoit mort avant luy.

Cependant bien loin que ce fils d'Aurelien soit entierement inconnu dans l'histoire, comme plusieurs le pretendent, je trouve qu'il y est formellement designé. En voicy une autorité la dessus, & qui est échapée à un galand homme, Auteur d'une curieuse Dissertation sur quelques medailles de Tetricus, & d'Aurelien, imprimées à Luxembourg en 1700. Suidas qui est celuy dont je la tire nous l'a conservée d'un ancien. Cet Auteur parlant de la cruauté inoüie d'Aurelien, dit positivement qu'*il se soüilla même du sang de ceux de sa famille, & qu'il fit donner la torture ou qu'il fit mourir la femme de son fils, sans sujet*; ὡς μηδὲ τῶν οἰκείων αἵματος διαμεῖναι καθαρὸς· τὴν γὰρ τοῦ παιδὸς γαμετὴν καὶ ἀνέγκλητον διεχρήσατο.

Je sçay qu'on pourroit opposer à ce passage ceux de Vopiscus, & d'Aurelius Victor qui ne disent mot de ce fils d'Aurelien; mais comme ces Auteurs qui s'accordent tous à rapporter la cruauté d'Aurelien envers les siens ne conviennent pas assez entr'eux sur les personnes qu'il fit mourir; ils font bien voir qu'ils n'en-étoient pas mieux instruits. En effet selon Aurelius Victor, Aurelien tua le fils de sa sœur : selon quelques uns, au rapport de Vopiscus, il ne tua pas le fils, mais la fille de sa sœur ; & selon d'autres, il fit mourir le fils & la fille de sa sœur. Si l'on suit les premieres Editions d'Eutrope, Aurelien tua sa propre sœur : *Trux omni tempore, etiam filiis sororis interfector* ; & selon Suidas il tua la femme de son fils. τὴν γὰρ τοῦ παιδὸς γαμετὴν ϗ ἀνέγκλητον διεχρήσατο. Toutes ces variations ou ces differentes lectures ne laissent aucun lieu de douter qu'il n'y ait faute dans quelques unes. Ce que rapporte Suidas est peut-être ce qu'il faut suivre sur cet endroit. Il la tiré sans doute de bon lieu, & l'on sçait qu'on luy a l'obligation de nous avoir conservé une infinité de choses que l'on chercheroit inutilement ailleurs. Monsieur de Ballonsfeaux Auteur de la Dissertation sur quelques medailles d'*Aurelien* & de *Tetricus*, ne s'est point fort éloigné de la conjecture que j'avance. Dans l'impossibilité de comprendre comment Aurelien, s'il eût été seul de ce nom, eût pû remporter tant de victoires, & se trouver en des Provinces si éloignées en si peu de tems qu'il a regné, il luy donne un fils pour compagnon de ses victoires, & croit même l'avoir trouvé sur les medailles. J'aurois fort souhaité que sa conjecture eût pû me servir pour établir ma découverte, mais il s'y est pris d'une maniere trop opposée au systeme commun pour le prouver.

Si les Actes de Mombritius étoient sinceres, ils serviroient beaucoup à établir cette opinion du fils d'Aurelien. Cet Auteur rapporte dans les Actes de S^e^. Colombe, qu'Aurelien promettoit à cette sainte de luy donner son fils en mariage si elle vouloit renoncer à la foy de Jesus-Christ pour immoler au soleil & à ses autres dieux. *Aurelianus dixit per Deum meum solem & per omnes Deos meos consenti mihi & sacrifica diis meis & eris conjunx filio meo Aureliano Cæsari, & bene tibi erit in domo mea propter pulchritudinem tuam.* Mais comme ces Actes du consentement de tous les habiles Critiques, comme de Monsieur Baillet, sont faux, cela me prive d'un témoignage considerable, & je ne le rapporte pas comme une preuve authentique, mais seulement pour faire voir que je n'ay rien negligé pour découvrir la verité.

Cependant quoyque ces Actes ne soient pas d'une grande autorité, si l'on trouve dequoy appuyer d'ailleurs ce sentiment, doit-on recuser entierement comme apocryphe tout ce qu'ils rapportent? Je veux croire que l'Auteur de ces Actes aura voulu broder un peu ſon ſujet ; mais ne peut-il pas en avoir pris les principales circonſtances de quelque Auteur ancien qui les avoit conſervées, comme le fait entr'autres du fils d'Aurelien. Rien n'empêche par conſequent de croire que ce fils n'ait exiſté & qu'il ne fût enſuite marié, puiſqu'au rapport de Suidas, comme on l'a vû, Aurelien en fit mourir la femme, quoique innocente. Ce fut pour lors que ce fils a pû changer le nom d'Aurelien en celuy de Nigrinianus, peut être de *Nigrinia* ſa femme, à l'exemple de quelques Empereurs comme de Domitien, &c. S'il eſt vray qu'on puiſſe ſoutenir ce ſyſteme. Le nom de *Nigrinia* au reſte n'eſt pas un nom en l'air. Gruter rapporte une inſcription d'une Nigrinia, trouvée à Preneſte ville d'Italie.

FORTUNÆ PRIMIG. SIGNUM EQUITATIS NIGRINIA AUXESIS CUM FELICE AUG. LIB. ET SUIS D D D D.

En voicy une autre du Recueil de Fabretti qui la tire de Rome ſouterraine.

VAL NIGRINIÆ INFANTI INNOCENTISSIME QUE B. ANN. II. M. II. D. X. OR. V. IN PACE.

Fabretti rapporte encore une inſcription ſinguliere où il eſt fait mention d'un *Nigrinianus* qui fut Conſul avec un *Fl. Anicius* dont les faſtes ne font aucune mention, à moins que cet Anicius ne ſoit le même que le Conſul Sergius qui fut collegue de Nigrinianus ſous Conſtantius.

ANTONIN. . . / . . . .
V. C. PONTIF. ET DECEM VIR.
SA. F. TAUROBOLIO CONFECTO III. KAL. MAI FL. ANICIO
ET NIGRINIANO CON. ARAM
FELICITER CONSECRAVIT.

Il n'eſt pas aiſé de déterminer le tems de cette inſcription, & de ſçavoir préciſément ſi elle ne ſeroit point de nôtre Prince. Comme ce n'eſt qu'un fragment il faudroit l'avoir vûë & examinée pour en pouvoir tirer quelques lumieres. Car le *Taurobolium* dont il y eſt parlé a commencé vers le tems de Marc Aurelle & n'a finy que fort tard, & il s'eſt encore fait de ces ſortes de ſacrifices ſous Gratien. Le mot tronqué D'ANTONIN qui eſt à la tête de l'inſcription, ne ſçauroit rien decider non plus, n'étant accompagné d'aucun titre qui puiſſe nous marquer que c'eſt ſous quelqu'un des Empereurs qui ont porté le nom d'Antonin. Peut-être trouverez-vous, MONSIEUR, dans vos recherches curieuses quelque passage qui pourra nous éclaircir ce point de critique, & illustrer les fastes sur cet endroit. On trouve au reste plusieurs personnages considerables de cette famille. Hadrien avoit promis l'Empire à un Nigrinus, si ce dernier eut eu la patience de l'attendre. Il y eut un Nigrinus ou Nigrianus sous Constantius, qui s'étant retiré & fortifié dans Aquilée pour s'y faire declarer Empereur, fut livré aux Romains & condamné à être brûlé vif. Les fastes font enfin mention d'un Nigrinianus qu'ils appellent tantôt Nigredianus, tantôt Nigrianus, qui fut Consul & Collegue de Sergius. Il paroît toûjours par ce que j'ay rapporté que le Nigrinianus de nos medailles ne sçauroit être du tems de Constantius non plus que d'Alexandre tyran en Afrique, sous Maxence, comme on l'a cru jusqu'icy. Il ne sçauroit absolument passer le tems des Princes que j'ay cité, c'est-à-dire d'Aurelien, de Tacite, de Florien, de Probus, de Carus, & de ses fils. Celui cy doit être renfermé dans le tems de leur regne qui n'a été comme je l'ay déja dit que de dix à douze années. Cela ne souffre plus aucune difficulté, & quel party que l'on prenne, & quelque Empereur qu'on luy donne pour parent de ceux que je viens de nommer, il se trouvera toûjours des raisons de convenance tant par rapport à la fabrique que par rapport à ces lettres exergales pour ainsi dire K A A. Cependant comme je ne remarque pas le croissant renversé sur les medailles de ces Princes avant Probus, & qu'il n'est point encore gravé sur les medailles de Probus audessus de ces lettres K A A comme il se trouve dans les medailles de Carus, de Carinus & de Numérianus, cela m'a donné l'idée d'une nouvelle conjecture, que je ne puis m'empêcher d'ajouter icy. Je ne sçay si Nigrinianus ne pourroit point être le fils de Carinus ou de Numerianus, mais plûtôt du dernier,

1°. Les medailles de Nigrinianus sont assez semblables aux medailles de Carus & de Numerianus representez avec leur consecration. Or comme l'on sçait que Carinus leur a survecû & qu'on ne trouve aucune medaille de Carinus avec sa consecration, il est à croire que ces Princes ont dû être consacrez par ses soins, & l'on presume par rapport à cet air de jeunesse que Nigrinianus pourroit être le fils de Numerianus, & qu'il pourroit avoir été tué par Aper avec le Prince son pere, quoique les Auteurs n'en fassent point mention. Je vous laisse à juger, MONSIEUR, des divers sentimens que j'ay proposez pour tâcher de découvrir le tems de Nigrinianus. Il est toûjours vray de dire, ce qui suffit pour mon ſujet, qu'il n'eſt point le fils d'Alexandre tyran en Afrique, comme on l'a cru, & qu'il ne ſçauroit abſolument paſſer le tems des Princes que ſes medailles m'ont indiqué. C'eſt ce que vous pourrez nous apprendre mieux que je n'ay pû faire quand vous voudrez bien publier vos découvertes ſur ce que vous avez de medailles de tout genre dans vôtre cabinet.

Pour ſuivre, MONSIEUR, le plan que je me ſuis fait de parler icy de quelques Empereurs inconnus, en voicy quelques uns ſur leſquels il faut que je vous propoſe encore mes difficultez. J'ai vû deux medailles differentes d'un *Maximianus jun.* l'une eſt du cabinet de l'illuſtre Mr Foucaut avec cette legende, *Imp. Maximianus jun. Aug.* ſa tête couronnée de laurier & le viſage barbu, au revers *Principi juventutis*, avec le type ordinaire, & dans l'exergue P L C. l'autre que j'ay fait graver & dont le revers eſt different comme on le voit dans la planche, appartient au R. P. Jobert.

On a cru que c'étoit quelqu'Empereur inconnu juſqu'icy, & dont l'hiſtoire ne faiſoit aucune mention. Quelques Antiquaires pretendent qu'il eſt fils du *Galerius Maximianus*, & qu'ainſi pour le diſtinguer de ſon pere il a dû s'appeller le *Jeune* JUNIOR.

Il faut que je vous avoüe de bonne foy que nonobſtant toute la déference & l'eſtime que j'ay pour eux, je ne sçaurois être icy de leur sentiment. Je pense qu'on ne doit point distinguer ce *Maximianus junior* du *Galerius*, qu'il est le fils & le pere tout ensemble, le même que nous connoissons sous le nom de *Galerius Maximianus*, pour le distinguer du *Fl. Val. Maximianus* qui l'avoit associé à l'Empire.

1°. Autant qu'il est permis d'en juger par la physionomie dans cet âge des medailles, il ressemble tout-à-fait au *Galerius-Maximianus.*

2°. Le titre de *Junior* qu'il prend dans cette medaille, luy peut aussi bien convenir qu'à son pretendu fils, supposé même qu'il en eût eu quelqu'un d'Auguste.

3°. Non seulement il luy a pû convenir, mais on a dû le mettre quelquefois comme je le feray voir.

L'on sçait que *Dioclétien* & *Maximien*, dont le premier fut surnommé *Jovius*, & le second *Herculius*, d'un commun accord après la huitiéme année de leur regne voulurent, non pas tant pour se décharger du fardeau de l'Empire que pour en procurer l'administration plus heureuse, s'associer encore deux Collegues. Ils choisirent Constantius, surnommé *Chlorus* & Galerius Maximianus, surnommé *Armentarius*, à qui ils ne donnerent d'abord que la qualité de *César*. Ces deux-cy resterent quelque tems avec cette seule dignité de NOBILIS CÆSAR, sous la conduite de leurs *Peres*, & furent ensuite élevez à la dignité d'Auguste.

Il y eut donc en même-tems quatre Augustes, & ensuite deux autres NOBB. CÆSS. *Nobles Césars*, que Constantius & Gal. Maximianus prirent aussi pour Collegues, sçavoir Severus & Maximinus *Daza*; comme nous l'apprend, outre l'histoire, une inscription singuliere de Grut. p. clxxviii. 7.

DD. NN. DIOCLETIANUS ET MAXIMINIANUS INVICTI SENIORES AUGUSTI PATRES IMPERATORUM ET CÆSARUM CONSTANTIUS ET MAXIMIANUS NOBILISS. CÆSARES THERMAS FELICIS DIOCLETIANI AUGUSTI FRATRIS SUI NOMINE CONSECRAV. CEPTIS ÆDIFICIIS PRO TANTI OPERIS MAGNITUDINE, OMNI CULTU PERFECTA ROMANIS SUIS DEDICAVERUNT.

Or comme il y avoit en même-tems quatre *Augustes*, dont les deux premiers s'appelloient *Maximiani*, l'on a pû appeller le Galerius *Maximianus* JUNIOR, pour le distinguer du vieux, qui prenoit aussi le titre de SENIOR par opposition du second. Cela ne se trouve pas toûjours observé dans l'un ny dans l'autre : On ne trouve pas dans toutes les medailles du vieux Maximien, autrement dit *Herculius* le mot de SENIOR, comme aussi l'on ne trouve pas, que fort rarement le mot de JUNIOR dans celles du Galerius (comme je le pretends ;) mais cela ne sert qu'à me confirmer davantage dans l'opinion où je suis, que celles où il y a ce mot JUN. doivent être du Galerius : Car lors que l'*Herculius* Maximianus étoit le seul Auguste de ce nom, il n'étoit point necessaire de mettre SEN. pour le distinguer de son gendre Galerius, puisqu'il n'étoit encore que César. Il n'y avoit point de danger que l'on prit l'un pour l'autre, & il étoit assez distingué par ce titre d'avec les medailles de son Pere *Herculius* qui ne passa point par cette dignité de César, & qui fut d'abord declaré Auguste par *Diocletien*. C'est aussi pour cela que l'on ne trouve jamais le titre de *Junior* dans les medailles du *Galerius* avec celuy de NOB. CÆSAR : L'on n'y trouve pas même assez souvent le prénom de *Galerius* comme dans celle-cy, pour en donner un exemple quoique cela ne soit point inconnu : Il est pourtant bon de le faire remarquer pour nôtre sujet MAXIMIANUS NOB. CÆS. sa tête couronnée de l'aurier) (SACRA MONET VRB AUGG ET CÆSS. NN. & à l'exergue AQ. Γ qui est du Galerius, quoyque ce mot *Gal.* ne s'y trouve pas. Le titre de NOB. CÆSAR le distinguoit assez de l'*Herculius* pour lors, sans qu'il fut necessaire d'y joindre toûjours le prénom de GALERIUS. Mais dès qu'il fut fait Auguste, comme ils étoient deux de ce nom, l'on a pû, sans avoir égard à son prénom, mettre le mot de JUNIOR dans celui-cy, & le mot de SENIOR dans l'autre. C'est aussi ce que l'on a fait, & ce que l'on voit dans ces deux medailles que j'ay fait graver.

MAXIMIANUS SEN. PF. AUG.
Sa tête couronnée de l'aurier.
) (CONCORD. MILIT. E.
au dessous PR.
IMP. MAXIMIANUS JUN. AUG.
Sa tête couronnée de l'aurier.
) (SECURIT PEPRET DD. NN.
au dessous PLC.

Si l'on m'objectoit qu'on ne trouve point le mot de GAL. joint avec celuy de JUNIOR dans la medaille en question, pour determiner que c'est le même; je réponds qu'il est inutile, & je pourrois dire de même que le MAXIMIANUS *Herculius* dans la medaille que j'en rapporte, n'a point mis son prénom non plus que l'autre, pour faire voir que celles où il y a ce mot SEN. sont de l'*Herculius*, mais cela n'étoit point necessaire non plus, & le titre de SENIOR ne le distinguoit que de reste. Si l'on vouloit donc reconnoître dans leurs medailles trois Maximiens, l'*Herculius*, le *Galerius* & le *Junior* pretendu pour un troisiéme, j'aurois même droit de dire que le Maximianus SENIOR ne doit pas être le même que l'*Herculius*, parce que ce mot ne se trouve pas toûjours dans ses autres medailles, & qu'ainsi il en faudroit admettre quatre.

L'on pourroit suivant ce sentiment faire encore trois Licinius, de deux que nous reconnoissons; sçavoir, Licinius le pere, qu'il est facile de distinguer, parce qu'il est toûjours avec le titre d'*Auguste* dans ses medailles qui nous le representent avec de la barbe, & deux autres jeunes *Licinij*, l'un avec le titre de *Nob. Cæsar* D.N. LICINIUS NOB. C. & qui seroit l'aîné, l'autre que l'on prendroit pour son cadet & qui pour en être distingué auroit le titre de JUNIOR joint à celuy de NOB. CÆS. ce que personne ne s'est encore avisé d'avancer. Mais puisqu'on peut tirer de si mauvaises conclusions d'un pareil sentiment, il ne faut point faire difficulté de dire que L'IMP. MAXIMIANUS JUN. AUG. ne soit le même que le *Galerius*; il n'en faut pas douter. On a du moins des raisons suffisantes pour se tenir au sentiment que j'avance, & ceux du sentiment contraire n'en ont point données jusqu'icy d'assez fortes, pour tirer ce Prince du neant. Une preuve nouvelle que vous m'avez suggerée MONSIEUR est tirée des fastes d'Idatius. Ce Chronologiste au tems de la mort des deux Maximianus en parle de cette maniere.

Anno II. post Consulatum decimum & septimum his conss. quod est Maxentio III. Solo diem functus est Maximianus senior. Maximiano VIII. Consule.

His conss. quod est Rufino & Volusiano diem functus est Maximianus JUNIOR.

Cela fait voir que cette designation de *Junior* étoit propre au Galerius que nous connoissons, & qu'elle ne luy étoit donnée que pour le distinguer du Senior, puisque l'une & l'autre qualité se trouve aussi-bien dans les Historiens que sur les medailles. Il est bon de remarquer en passant que ce Galerius Maximianus est le premier qui ait pris sur les monnoyes le titre de JUNIOR, comme l'Herculius Maximianus son pere, & Diocletien sont les premiers qui se soient fait honneur de leur vieillesse en prenant le titre de *Seniores* d'où peuvent être venus ces éloges si frequents aujourdh'uy dans nôtre Langue, de *Monseigneur* de *Nosseigneur*, avec cette difference que le mot de Seigneur ne ſe prend point pour marquer une ſuperiorité d'âge, mais une ſuperiorité de reſpect ou de dignité & pour un terme qui marque la grandeur ou l'élevation de celuy à qui on le donne.

C'eſt auſſi ſous Diocletien & Maximien qu'à commencé préciſement cet uſage de mettre du côté de la tête le titre de DN. *Dominus noſter*, au lieu de celuy d'*Imperator*, qui ſe trouve d'ordinaire au commencement de la legende des Empereurs qui les avoient precedés. On avoit vû le mot de *Dominus* ſous *Aurelien* & ſous *Carus*.

Deo & Domino nato Aureliano Aug.
Domino & Deo Caro Aug.
Deo & Domino Caro Invic. Aug.

Mais on ne l'avoit point encore vû de la maniere qu'il ſe voit ſur ces deux Princes DN. DD. NN. Cette formule s'eſt enſuite perpetuée dans tous les derniers Empereurs où l'on ne voit plus le titre d'*Imperator* paſſé le regne de Conſtantin.

Le R. P. Hardoüin me paroît fort heureux dans ce qu'il avance, que les medailles où il y a ce mot JUN. dans un certain *Conſtantius*, ſont du *Gallus*, c'eſt une de ſes découvertes à laquelle je ſouſcris d'autant plus volontiers que j'ay des preuves qui me le perſuadent. On confond ordinairement les medailles de ce *Conſtantius Junior*, avec celles de Conſtantius fils de Conſtantin,

Constantin, mais sans entrer dans un autre détail pour sçavoir si ce Constantius fils de Constantin n'auroit pas pû avoir ce titre de *Junior*, il est seur que toutes celles où il y a DN. CONSTANTIUS JUN. NOB. C. sans couronne, & le nez long & presque aquilain, doivent être du *Constantius Gallus*, on en peut apporter plusieurs raisons.

1°. Les medailles du fils de Constantin avec le titre de NOB. CÆS. sont toutes d'une autre fabrique, & frappées, comme il est aisé de voir du tems de *Constantin*, au lieu que celles du *Gallus*, sont d'une fabrique un peu differente & semblable à celle des autres Empereurs du tems de Julien.

2°. C'est que le fils du Grand Constantin fut fait Auguste, beaucoup plus jeune que celuy-cy ne paroît avec le titre de NOB. CÆS. seulement, comme on le peut voir dans leurs monnoyes.

3°. Les medailles que nous trouvons du Constantius fils de Constantin & connu pour tel, frappées lorsqu'il étoit encore fort jeune, nous le representent toutes couronné de laurier, ou autrement, & s'il s'en trouve quelqu'une à tête nuë, il est aisé d'en reconnoître la difference, au lieu que celles de *Constantius Gallus*, avec ce titre de JUNIOR joint à celuy de NOB. C. sont toutes sans couronne, ou plûtôt sans diademe, quoiqu'il y paroisse beaucoup plus vieux que n'étoit le *Constantius* fils de Constantin quand il fut fait *Auguste*. Il faut même ajouter que non seulement celles où il y a le mot de JUNIOR accompagné des autres circonstances dont j'ay parlé, doivent appartenir au *Gallus*, mais encore toutes celles que l'on trouve sans ce mot JUN. qui le representent un peu âgé, & la tête nuë, comme celles de Julien l'Apostat, N. César son frere. Il est donc sans doute que celles-cy doivent être d'un autre Prince que de Constantius fils de Constantin, la fabrique étant trop differente eu égard au tems que Constantius n'étoit encore que *César*, & semblable à celles de ce même Constantius fils de Constantin, frappées avec le titre d'Auguste, vers la fin de son regne sous qui Gallus fut fait *César*. Il n'est pas le seul dans ce tems qui soit representé ainsy la tête nuë, outre Julien son frere, on voit encore le même usage dans *Magnence* & dans *Decence* qui sont toûjours la tête nuë, n'étant encore que *Césars*. On les trouve même avec le titre d'*Auguste* le plus souvent sans couronne ou plûtôt sans *diademe*, qui étoit pour lors en usage. La couronne de laurier ne passe gueres le tems de Constantin. On la trouve encore dans ses enfans avec le titre de *Césars*, mais après qu'ils furent Auguſtes, ils ne prirent guéres que le diademe que Conſtantin avoit mis en uſage, comme on le voit dans la plûpart de ſes monnoyes. Je ſçay qu'Aurelius Victor dit que c'eſt l'Empereur Aurelien qui ſe ſervit le premier du diademe, on cite même une medaille du Cabinet du Duc Darſchot, où il ſemble qu'Aurelien ait un diademe, mais je ne l'ay point encore vûë nulle part; ainſy à proprement parler, il ne commença que ſous Conſtantin. Ce ne fut même, comme il me paroît, qu'après cette inſigne bataille qu'il remporta ſur Maxence par le ſigne de la croix qu'il avoit vû au ciel, & qu'il fit incontinent figurer ſur ce *Labare* ſi fameux dans l'antiquité, qui luy fut un preſage certain de tant de victoires. Ce même uſage de porter un diademe ſe perpetua dans ſes ſucceſſeurs, & l'on ne voit preſque point dans la ſuite de couronne de laurier, non plus que de couronne radiale, que je ne remarque plus après Conſtantin le jeune dans les monnoyes des Empereurs. Dans Conſtantius ſon frere il ſemble qu'on en voit de laurier, mais elle eſt ornée & mêlée de pierreries, & doit être regardée comme un veritable diademe.

Il me reſteroit, MONSIEUR, à vous propoſer encore mes conjectures ſur pluſieurs autres medailles de ce genre, si elles n'entroient pas dans quelques desseins, que l'étude essentielle à ma profession, ne m'a pas donné le loisir d'achever. Vous sçavez qu'une carriere aussi vaste que celle de la Medecine ne permet pas à un homme qui veut en parcourir même une petite partie de se détourner beaucoup. Un tems viendra neanmoins que je pourray me partager plus aisément, & que je publieray ce que vos conseils, & vôtre exemple m'ont, pour ainsy dire, fait entreprendre. Vous ne me reprocherez plus aprés cela, comme vous faites depuis long-tems, que je me laisseray enlever ce que je puis avoir fait de remarques dans l'espece de monuments dont on fait aujourd'huy tant de recherches. Mais, MONSIEUR, à quoy tient-il que vous ne nous donniez une infinité d'Ecrits que j'ay vû naître, & où le public trouveroit sans doute, comme dans tout ce qui a paru jusqu'icy de vous, autant de recherches curieuses, que de découvertes dans le goût des gens-de-lettre du premier ordre? Quand même vous ne feriez que publier vôtre Cabinet, de combien de *morceaux d'érudition*, pour me servir de vos termes quand vous parlez de vos Antiques, le public ne profiteroit-il pas. La belle inscription Grecque d'Athene de 2400. ans, entre autres marbres que vous avez ; beaucoup de figures de bronze uniques, encore plus anciennes ; & tant de medailles singulieres de tous metaux donneroient un beau jeu à vos recherches. Je suis sûr, parce que j'en ay vû même dans quelques Ecrits des pays étrangers, qu'on attend avec impatience ce que j'annonce. Ne trouvez pas mauvais, MONSIEUR, si je forme entre vous & le public des engagemens nouveaux ; vous n'aurez pas plus de peine à y satisfaire que j'ay de plaisir à donner des marques de l'amitié que je vous ay voüée, & de l'estime avec laquelle je suis,

MONSIEUR,

Vôtre tres-humble
& tres-obeïssant serviteur
GENEBRIER D. M.

Permis d'imprimer ce quatriéme Juin 1701.
M. R. DE VOYER D'ARGENSON.

www.ingramcontent.com/pod-product-compliance
Ingram Content Group UK Ltd.
Pitfield, Milton Keynes, MK11 3LW, UK
UKHW022135260726
13993UKWH00003B/1446